初学者

100 个简单美味的面包机食谱，任何人都可以制作

雪 向

目录

介绍

面包是一种存在于世界上大多数人饮食中的食物。虽然很受欢迎，但您可以找到这种食物的不同版本，每个国家都有自己的最爱。

除了我们可以找到的种类繁多的面包外，还可以在一天中的任何时间供应这种食物，包括早餐、午餐、便餐甚至晚餐。

我们并不总是想去面包店，想吃在家里做的热面包。甚至想吃不容易买到现成的面包。为了解决这些问题，您可以在自己舒适的家中准备美味的面包。

烤面包食谱

1. 黑芝麻姜黄咖喱面包

原料

- 150 克腰果
- 1茶匙干酵母
- 400 克 550 型小麦粉
- 10 克 黄油 3茶匙糖

- 2茶匙盐
- 2 克孜然/小茴香
- 1 克姜黄粉
- 2克咖喱粉
- 1个黑芝麻

准备步骤

1. 将腰果切碎。将酵母、面粉、黄油、糖、盐、孜然、姜黄和咖喱粉加入面包机的锅中。
2. 在面包机中加入 280 毫升水并烘烤面包。在烘烤时间结束前 1 小时切入面包，撒上芝麻。

2. 长棍面包

原料

- 250 克小麦粉 550 型
- 225 克全麦面粉
- 15克新鲜酵母
- 12 克盐（2 茶匙）
- 1 汤匙 菜籽油

准备步骤

1. 前一天晚上，对于发酵面团，将 125 克小麦面粉和 75 克全麦面粉放入碗中。将 10 克酵母粉碎并加入 250 毫升温水。
2. 用手动打蛋器的面钩揉面1分钟。盖上保鲜膜，室温发酵至少12小时。
3. 第二天，把剩下的面粉和剩下的全麦面粉放在一个碗里，加盐，中间挖个洞。把剩下的酵母弄碎。倒入 125 毫升温水，静置 10 分钟。
4. 将预生面团加入碗中的其他配料中，然后用手动搅拌机的面团钩将所有材料揉捏 4 分钟。
5. 将面团放在撒了面粉的工作台上，再用手揉 10 分钟，必要时加入少许面粉，直到面团不再粘在手上。
6. 将油放入碗中，然后在其中转动面团球以润湿表面。盖上保鲜膜，在室温下发酵 1 1/2 小时，直到体积增加一倍。
7. 轻轻地把面团揉在一起，做成一个细长的面包。再发酵 60 分钟。
8. 将面团块放在撒了面粉的工作台面上并四分之一。

9. 将面团块轻轻按压并同时滚动，将它们放入法棍棒中。
10. 将长棍面包面团放在铺有烤纸的烤盘上，盖上撒了面粉的厨房毛巾，发酵40分钟。
11. 用非常锋利的刀在法式长棍面包上沿对角线划几刀。放入预热好的烤箱中，从下数第 2 个烤架上以 220°C 烘烤 30-35 分钟。
12. 上桌前让法式长棍面包在烤箱架上冷却。

3. 核桃香蕉面包

原料

- 300 克小麦面粉类型 1050
- 1包泡打粉
- ½ 茶匙 盐
- 肉豆蔻
- 150 克核桃仁
- 1 个香草荚
- 1个苹果
- 80 克黄油
- 50 克椰糖

- 1个鸡蛋
- 500 克熟香蕉（3 根熟香蕉）

准备步骤

1. 将面粉、发酵粉和盐筛入搅拌碗中。将一些肉豆蔻直接擦入其中。
2. 用闪电切碎机或大刀将核桃切碎，加入面粉混合物中。
3. 将香蕉去皮，切成小块，放入碗中，用手持搅拌机打成泥或用叉子捣碎。
4. 将香草豆荚纵向切开，刮出果肉，拌入香蕉酱中。
5. 将苹果洗净并磨碎，在碗中加入黄油和椰糖，用手动搅拌器搅拌至起泡，然后加入鸡蛋。然后逐渐将香蕉泥和面粉混合物加入黄油混合物中。
6. 如有必要，在小面包盘上涂上油脂。倒入面团，用橡皮刮刀抹平。
7. 放入预热好的烤箱，以 175°C 的温度在中间的架子上烘烤 50-60 分钟。在蛋糕中间插一根木签：

如果拔出来的时候干净，蛋糕就做好了；否则再烤几分钟。

8. 将做好的面包从烤箱中取出，放入烤盘中冷却5分钟，然后取出。

4. 锅里的玉米面包

原料

- ½ 烦恼鼠尾草
- 核桃仁 50粒
- 150 克玉米糁
- 100 克小麦面粉类型 1050

- 1 汤匙 泡打粉
- 1茶匙盐
- 250 毫升牛奶（1.5% 脂肪）
- 2 汤匙 蜂蜜
- 2个蛋
- 90 克黄油

准备步骤

1. 将鼠尾草洗净，甩干，摘下叶子，将 6 片大的放在一边。将剩余的鼠尾草和核桃大致切碎。
2. 将玉米粒、面粉、发酵粉和盐与切碎的鼠尾草混合在一个碗中。
3. 在小碗中混合牛奶、蜂蜜和鸡蛋。
4. 在预热至 200°C 的烤箱中加热耐热平底锅 10 分钟。把黄油融化在里面。
5. 将融化的黄油倒入蛋奶中，除了约 2 汤匙。将鼠尾草叶放入热锅中。

6. 将鸡蛋牛奶搅拌到面粉混合物中，制成光滑的面糊。将其 1/4 倒入锅中并旋转以使其分布。
7. 把切碎的核桃撒在上面，然后把剩下的面糊撒在上面。将平底锅放回烤箱，烘烤玉米面包 18-20 分钟。然后取出平底锅，让它冷却 10 分钟，然后将玉米面包倒在盘子上。

5.松脆的酪乳面包

原料

- 100 克坚果麦片
- 250 毫升酪乳
- 300 克小麦面粉类型 1050
- 150 克全麦粗面粉
- 1 包牙垢泡打粉
- 肉豆蔻
- 600 克香蕉（4 根小而熟的香蕉）
- ½ 青柠
- 80 克 蜂蜜

准备步骤

1. 将牛奶什锦早餐和酪乳混合在碗中，浸泡约 10 分钟。
2. 与此同时，在第二个碗中混合面粉、粗面粉和泡打粉，加入少许肉豆蔻。
3. 将香蕉去皮并用叉子捣碎。
4. 挤半个酸橙。
5. 在面粉混合物中加入香蕉泥、蜂蜜、1 汤匙酸橙汁和牛奶什锦早餐-酪乳混合物。用手动搅拌机的面团钩将所有东西揉成多汁的面团。
6. 将面团放入铺有烘焙纸的烤盘（长 30 厘米）中，并在烤箱架上以 200°C 的预热烤箱烘烤约 40 分钟。

6.核桃面包

原料

- 500 克全麦面粉
- 1包干酵母
- 10 克全蔗糖（1 茶匙）
- 2支迷迭香
- 150 克核桃仁
- 2 汤匙 蜂蜜
- 1茶匙盐
- 胡椒
- 50 毫升牛奶（1.5% 脂肪）
- 50 毫升橄榄油

准备步骤

1. 在搅拌碗中混合面粉、酵母和糖。
2. 用手动搅拌机的面团钩搅拌 250 毫升温水，直到形成均匀的面团。盖上盖子，在温暖的地方发酵约 30 分钟。
3. 与此同时，将迷迭香冲洗干净，甩干，拔下针叶并切碎。
4. 在不粘锅中短暂地烤核桃。加入蜂蜜和迷迭香，加热。用盐和胡椒调味，然后放在盘子里。
5. 将牛奶加热至微温，然后用油搅拌成面团。揉入坚果蜂蜜混合物，直到所有东西都粘合在一起，面团又亮又光滑。
6. 将面团做成一条长面包，放在铺有烤纸的烤盘上。盖上盖子，在温暖的地方发酵约 20 分钟。在中间架子上以 220 °C 的预热烤箱烘烤约 3 分钟。40 分钟。

7.香蕉面包

原料

- 100 克榛子仁
- 600 克熟香蕉（4 根熟香蕉）
- 100 毫升 菜籽油
- 70 毫升 枫糖浆
- 1 撮肉桂粉
- 1 小撮肉豆蔻粉
- 1 小撮盐
- 40 毫升燕麦饮料（燕麦奶）（4 汤匙）
- 280 克全麦斯佩耳特面粉

- ½包泡打粉
- 40 克杏仁粉（2 汤匙）

准备步骤

1. 将榛子大致切碎并放在一旁。将香蕉去皮切碎，然后用叉子或手持搅拌器将它们切碎。
2. 将香蕉与油、枫糖浆、肉桂、肉豆蔻、盐和燕麦饮料一起用手动搅拌器打至奶油状。将面粉和发酵粉一起过筛，然后混入香蕉混合物中。然后拌入杏仁和一半坚果。
3. 将面团倒入铺有烘焙纸的烤盘中，撒上剩余的榛子。在 180°C 的预热烤箱中烘烤约 50-60 分钟，直至呈金黄色。

8. 黑麦面包配酵母

原料

- 1袋液体天然酵母
- ½ 茶匙大料
- ½ 茶匙茴香籽
- ½ 级茶匙香菜种子
- ½ 茶匙香菜籽
- 400 克 1050 型斯佩耳特面粉
- 400 克全麦黑麦粉
- 2包干酵母
- 1茶匙生蔗糖

- 2茶匙盐

准备步骤

1. 在装有温水的碗中将酵母袋加热约 15 分钟。同时，在研钵中将茴香、茴香、香菜和葛缕子籽碾碎。
2. 在碗中混合两种面粉、酵母、糖和盐。向混合物中加入约 400 毫升的温水和酸面团，然后将所有东西揉匀。如有必要，加入少许温水或面粉。
3. 将面团盖在碗中，在温暖的地方发酵约 1 小时。
4. 然后再次揉好面团，加入面包香料。将面团放入撒了面粉的醒发篮中，盖上盖子醒面 1-2 小时。
5. 在烤盘上铺上羊皮纸，然后在上面放上黑麦面包。在预热的烤箱中以 240°C 烘烤黑麦面包并加少许水烘烤 10 分钟，然后以 200°C 烘烤 35-40 分钟（敲击测试）。
6. 将黑麦面包从烤箱中取出，让其完全冷却。

9. 丰盛的酵母黑麦面包

原料

1茶匙蜂蜜

450 克全麦黑麦面粉

200 克全麦面粉

1.5 茶匙盐

1 茶匙香菜籽

1 撮磨碎的香菜种子

1包干酵母

准备步骤

对于酵母，将 250 毫升温水和蜂蜜混合在一起，加入 150 克全麦黑麦面粉，然后用木勺搅拌成光滑的面团。盖上碗，让它在至少 20°C 的温暖地方放置三天；早上和晚上剧烈搅拌：混合物发酵，形成气泡，体积增加。成品面团应该是厚实的，闻起来酸酸的，有泡沫。

然后将两种面粉与盐、香料、酸面团和酵母混合。加入 250 毫升温水，将所有东西揉成有弹性的面团。盖上盖子，在温暖的地方发酵约 1 小时。将面团从碗中取出，在撒了面粉的工作台上用力揉搓，揉成圆形面包。

将面包盖在撒了面粉的发酵篮中，在室温下再发酵 30 分钟。放在衬有烤纸的烤盘上，刷上水，必要时切块。预热烤箱220°C烤10分钟，再180°C烤45分钟；35 分钟后稍微打开烤箱门。

10. 墨西哥玉米面包

原料

- 2个红辣椒
- 6th jalapeños（玻璃杯）
- 50 克黄油
- 200 克全麦面粉
- 1包泡打粉
- 盐
- 325 克玉米糁
- 500 毫升酪乳
- 50 克液体蜂蜜
- 2个蛋

- 1 汤匙 菜籽油

准备步骤

1. 辣椒纵向切半，去核，洗净切碎。
2. 将墨西哥胡椒切碎。融化黄油，让它冷却一下。
3. 将面粉、泡打粉和 1 茶匙盐筛入碗中，与玉米粒混合。
4. 将酪乳、蜂蜜、鸡蛋和融化的黄油混合在一起。
5. 将辣椒和墨西哥辣椒一起加入面粉中，搅拌成光滑的面糊。
6. 在一个30厘米长的烤盘上刷上油，然后倒入面团。在烤箱架上从底部数第 2 个架子上的预热烤箱中以 180°C 烘烤 35-40 分钟。
7. 让玉米面包在罐子里冷却 10 分钟，然后把它放到烤架上，让它完全冷却。玉米面包尝起来只是涂了黄油，但也是辣椒和炖菜的好搭档。

11. 番茄面包棒

原料

- 250 克全麦面粉
- 250 克全麦拼面粉
- 1 ½ 包干酵母
- 1茶匙全蔗糖
- 1茶匙盐
- 100 克干西红柿（用油腌制）
- 100 毫升番茄汁
- 5 茎百里香

准备步骤

1. 在搅拌碗中混合两种面粉、酵母、糖和盐。

2. 沥干西红柿，收集 1 汤匙油。将西红柿切成丁。
3. 在不冷不热的平底锅中加热番茄汁和 250 毫升水。
4. 将番茄水和收集好的番茄油加入面粉中，用手动打蛋器的和面钩揉至面团起泡。
5. 盖上盖子，在温暖的地方发酵约 30 分钟。
6. 洗净百里香，甩干并摘下叶子。
7. 将番茄块和百里香叶揉成面团。将面团做成 2 根短面包棒。
8. 放在衬有烤纸的烤盘上，用刀划线，再发酵 10 分钟。在 200°C 的预热烤箱中烘烤 25-30 分钟。

12. 大蒜面包棒

原料

- 1 个方块酵母（42 克）
- 150 毫升 橄榄油
- 2茶匙细海盐
- 1汤匙蜂蜜
- 700 克 1050 型斯佩耳特面粉
- 300 克全麦斯佩耳特面粉
- 4 瓣新鲜大蒜
- 1 支迷迭香
- 60 克磨碎的埃门塔尔奶酪**准备步骤**

1. 准备好所有材料，让它们达到室温。

2. 在碗中粉碎酵母并添加约。650 毫升温水。与 80 毫升油、盐和蜂蜜混合，直至酵母完全溶解。将面粉倒入碗中，在中间挖一个洞。倒入酵母混合物，将所有东西从中心揉成坚硬的面团。将面团放在撒了面粉的工作面上，揉至面团光滑柔韧。可能会加入更多的面粉，这样面团就不会粘在一起了。放入碗中，盖上盖子放在温暖的地方，发酵约 45 分钟。

3. 将大蒜去皮，切成细丝。清洗迷迭香，甩干，摘下并切碎。与大蒜和 4 汤匙橄榄油混合。

4. 在撒了面粉的工作台上再次将面团揉匀，然后四分之一。将每个四分之一做成一条长线，然后轻轻压平。刷上大蒜油，从中间开始编成辫子。将两端很好地压在一起，然后将面包放在衬有烤纸的烤盘上。刷上剩余的油并撒上奶酪，然后在 220°C 的预热烤箱中烘烤约 20 分钟，直至呈金黄色。

13. 西葫芦土豆意式薄饼

原料

- 200 克糯土豆（2 个糯土豆）
- ½ 方块酵母
- 1茶匙蜂蜜
- 盐
- 6 汤匙 橄榄油
- 105 克全麦斯佩耳特面粉
- 200 克斯佩耳特面粉（630 型）

- ½ 西葫芦
- 1 个小葱
- 1.5 茶匙粗海盐
- 1小撮辣椒粉
- 1 小撮胡椒粉
- 30 克刺山柑（3 汤匙）

准备步骤

1. 将土豆盖上锅盖，放入沸水中用小火煮 30 分钟直至变软。沥干水分，冷却 5 分钟，去皮并用捣碎器切碎。

2. 用蜂蜜、少许盐、2 汤匙油和 120 毫升温水搅拌酵母，加入土豆泥中搅拌均匀，然后加入 300 克面粉。在温暖的地方发酵至少 60 分钟。

3. 将面团揉在撒了面粉的工作面上，然后切成两半。将两个面团球擀成意式薄饼面包，放在铺有烤纸的烤盘上，再次发酵 30 分钟。

4. 同时，将西葫芦清洗干净，小葱去皮，切成薄片，与海盐、辣椒、胡椒和 2 汤匙油混合。用手指压入意式薄饼孔中，将蔬菜混合物分散在其中，盖上刺山柑并淋上剩余的油。

5. 在 180°C 的预热烤箱中将意式薄饼烘烤约 25 分钟，直至呈金黄色。

14. 烤意式薄饼

原料

- ½ 方块酵母
- 1茶匙龙舌兰糖浆
- 500 克全麦面粉
- 1茶匙盐
- 1 瓣大蒜
- 2支迷迭香
- 2 汤匙 橄榄油

准备步骤

1. 在一个小碗中粉碎酵母，然后将龙舌兰糖浆倒在上面。静置约 10 分钟，直到酵母溶解并开始冒泡。
2. 将面粉和盐放入碗中。加入酵母和 300 毫升温水，揉成光滑的面团。如有必要，再加一点水。盖上面团，静置约 2 小时。
3. 与此同时，按下蒜瓣。从树枝上摘下迷迭香针。在平底锅中加热橄榄油，用小火将大蒜和迷迭香浸泡 10 分钟。
4. 将面团分成大致相等的四份，然后用手在撒了少许面粉的工作台面上做成椭圆形的面团蛋糕。在面团上刷上迷迭香油，盖上盖子在烤架上烤 3-4 分钟。

15. 速溶面包

原料

- 1 立方酵母
- 1茶匙盐
- 4 汤匙 苹果醋
- 500 克全麦斯佩耳特面粉
- 150 克仁、坚果或种子调味（例如核桃、榛子和南瓜子）
- 1 茶匙黄油（5 克）

准备步骤

1. 将酵母溶解在 500 毫升的温水中。加入盐和醋，搅拌直至所有成分溶解。

2. 将面粉放入碗中，加入 130 克种子。倒入酵母水，用料理机的和面钩或电动打蛋器搅拌成光滑的面团。面团比较粘，比较湿润。
3. 在面包盘（30 厘米长）上涂上黄油，然后倒入面糊。盖上湿厨房毛巾，在温暖无风的地方发酵约 20 分钟。
4. 同时，将烤箱预热至 200°C（对流）。
5. 当面团表面开始向上弯曲时，将剩余的种子撒在面包上，并在预热的烤箱中烘烤约 1 小时。您可以使用敲击测试来确定面包是否熟了：只需用指关节轻敲面包：如果听起来是空心的，则面包已经熟了。
6. 烘烤时间结束时，将面包从烤箱中取出，让它稍微冷却一下。然后从模具中取出，让其完全冷却。

16. 香辣派对披萨面包

原料

- 1/4 升牛奶
- 1个鸡蛋
- 500 克面粉（光滑）
- 1茶匙糖
- 1茶匙盐
- 1 包 Knorr Basis（pasta asciutta）
- 30 克胚芽
- 100 克意大利腊肠（整份）
- 100 克山地奶酪（整个）
- 1 个洋葱（中等大小）

- 1 个胡椒粉（大）
- 1汤匙玉米油（Mazola）**准备**

1. 将牛奶、鸡蛋、面粉、糖、盐和 Knorr 面食底料放入碗中，并在上面撒上酵母。用手动搅拌器揉捏配料，直到面团从碗的边缘分离。将萨拉米香肠和山地奶酪切成 1⁄2 厘米的方块。将洋葱去皮，与辣椒粉一起切成小块，然后与意大利腊肠和山地奶酪一起揉成面团。让面团发酵约 30 分钟。塑造一个唤醒，在万能蒸笼托盘上铺上烘焙纸，然后将派对唤醒放在上面。

对于烤箱：

2. 将派对唤醒放在 Perfect Clean 烤盘上，放入预热至 200°C 的烤箱中，刷上水并烘烤约 40 分钟。

17.南瓜籽面包

原料

- 800 克小麦粉
- 800 克 黑麦粉
- 40 克新鲜酵母（或 1 包干酵母）
- 100 克 Steirerkraft 天然南瓜籽
- 1.5 升水（温水）
- 2茶匙盐**准备**

1. 对于南瓜籽面包，将天然南瓜籽在没有脂肪的平底锅中短暂烘烤。将所有材料混合在一起，用温水揉成中等硬度的面团。让我们在室温下上升 30 分钟。

2. 将烤箱预热至220°C。
3. 把面团揉在一起，做成面包或面包卷。放在衬有烤纸的烤盘上，再次发酵。面团应该上升三分之一。在 220°C 下烘烤约 1 小时。然后让南瓜籽面包在金属架上冷却。
4. 南瓜籽面包搭配新鲜坚果味道不错，或者简单地涂上厚厚的黄油或猪油。

18.红薯面包

原料

- 2个红葱头
- 250 克红薯
- 1汤匙植物油
- 1/2 茶匙茴香籽
- 1/2 茶匙香菜种子
- 1/2 茶匙十
- 2 茶匙海盐（粗）
- 10 克酵母（新鲜）
- 150 毫升水（微温）
- 100 克 酵母

- 200 克小麦粉
- 150 克 黑麦粉
- 150克全麦面粉**准备**

1. 对于红薯面包，首先将青葱去皮切碎。将红薯去皮并磨碎。
2. 在平底锅中加热一些油，将小葱放入其中炒至无色。加入磨碎的红薯并短暂煎炸。
3. 在没有脂肪的平底锅中烤香料，直到它们闻起来很香。这释放出精油，味道变得更加浓郁。然后在研钵中磨碎。
4. 将酵母溶解在水中。用搅拌机的面团钩揉面团、红薯、三种面粉和香料，直到形成光滑的面团，从碗的边缘松开。取出并用手短暂揉搓。盖上盖子发酵约两个小时。
5. 再次揉搓，再盖上盖子静置一刻钟。同时，在烤盘上铺上羊皮纸。将面包面团切成两半并做成面包。

放在有足够空间的烤盘上，盖上盖子再醒一个小时。

6. 在步行时间结束前不久，将烤箱预热至 220 °C 顶部/底部加热。在面包的顶部划几圈，然后烘烤一刻钟。然后将温度调回180°C，将红薯面包烤半小时。

19. 香料面包

原料

- 500克面粉
- 40克胚芽
- 125 毫升牛奶（微温）
- 1 撮糖
- 2 个洋葱（去皮，切碎）
- 1 瓣大蒜（去皮，捣碎）

- 50 克黄油（液体）
- 2个蛋
- 1 撮盐
- 1 撮肉豆蔻（磨碎）
- 1茶匙茴香
- 1/2茶匙茴香
- 2 汤匙 dille（干）
- 1茶匙迷迭香（干）
- 八角（洒用）**准备**

1. 做麻辣面包，先把面粉筛入碗中，打匀后与酵母、牛奶和糖混合，揉成粘稠的面团。盖上盖子，醒 15 分钟。
2. 与剩余的成分混合并盖上盖子，静置 30 分钟。将面团放入涂有黄油的模具中，刷上水并撒上大料。
3. 将调味面包放入预热烤箱以 190°C 烘烤 40 分钟。在烤箱底部放一锅水。

20.混合面包

原料

- 500 克小麦粉
- 500 克 黑麦粉
- 1茶匙盐
- 750毫升水
- 40克胚芽
- 1茶匙细砂糖**制剂**

1. 从配料中准备混合面包的面团，让它在温暖的地方发酵。再加入一点面粉，再次揉搓，然后发酵。再重复此过程两次。
2. 在 180–200°C 的预热烤箱中烘烤约 1–1 1/2 小时。同时，最好在水管里放一杯水。敲一下面包，一听到空心的声音就做好了。

烤面包

21. 面包串

原料

- 500 克面粉（光滑）
- 250 克牛奶（室温）
- 125 克黄油（室温）
- 30 克胚芽

- 1/2茶匙盐
- 1 撮糖
- 橄榄油
- 各种各样的：
- 粗木串
- 可能　平衡的行为

准备

1. 烤串面包，用一半的牛奶、碎酵母和一些面粉准备一个蒸笼。将黄油溶解在剩余的牛奶中。一旦蒸汽出现裂纹，就将剩余的面团材料揉成光滑的面团。用布盖住面团，在温暖的地方发酵 40 分钟。
2. 将面团擀成卷状。切下切片并用手将它们卷成棍子。将油条缠绕在木串上，用力压住两端或用劈叉绑起来。再上升 15 分钟。刷上橄榄油，在热烤架上烘烤约 10 分钟，直到烤串上的面包变成美丽的金黄色。

22. 大蒜面包

原料

- 1个长棍面包
- 8瓣大蒜
- 1/2 束欧芹• 8 汤匙橄榄油**准备**

1. 将长棍面包沿对角线切片。
2. 将蒜瓣去皮切碎。从茎上摘下欧芹叶， 也切碎。
3. 将橄榄油与大蒜和欧芹混合在碗中。盐少许。

4. 将法棍面包片放在烤盘上，在每片面包上倒 1 茶匙大蒜和欧芹油。
5. 将蒜蓉面包放入预热好的烤箱中以 200°C 烤至面包酥脆。

23. 烤面包

原料

- 300 克烤剩菜
- 3 瓣大蒜
- 1 片洋葱
- 1汤匙欧芹（切碎）
- 1 汤匙辣根（磨碎）

- 250 克低脂夸克
- 1个蛋黄
- 盐
- 胡椒
- 4片黑面包**准备**

1. 对于烤面包，将剩余的烤肉、大蒜和洋葱切成小方块。
2. 在热锅中用少许油炒大蒜和洋葱，加入欧芹和剩菜，再煎 3 分钟。
3. 从锅中取出烤混合物，让它冷却。在碗中将烤肉块与夸克、辣根和蛋黄混合，然后用盐和胡椒调味。
4. 将混合物刷在黑面包片上，然后以约 10 摄氏度的速度间接烧烤。230 ° C 约。6-8分钟，直到烤好的烤面包表面呈金黄色。

24. 面包棒

原料

- 400 克全麦面粉
- 300 毫升牛奶（微温）
- 1包干酵母
- 1汤匙蜂蜜
- 1茶匙盐
- 2汤匙迷迭香**准备**

1. 对于棒状面包，首先将干胚芽和蜂蜜混合在温牛奶中，使其膨胀约 3 分钟。5 分钟（反复搅拌）。

2. 与此同时，称量面粉并加入盐。然后用搅拌机揉面粉、牛奶混合物和切碎的新鲜迷迭香

   或食品加工机，在温暖的环境中发酵约 1 小时。
3. 准备合适的木桩。例如，如果您从灌木丛中取出树枝，请先用切肉刀将其一端剥下并清洁干净。
4. 将面包面团擀成单独的长香肠，然后将它们缠绕在木棍上。然后将它们放在露营车的余烬上，一遍又一遍地转动它们，直到它们变成褐色并且不再柔软。

25. 烤香草面包

原料

为了面包

- 1 块新鲜酵母
- 300克面粉
- 50 克硬质小麦粗面粉
- 1茶匙糖
- 1茶匙盐
- 6橄榄油
- 工作面用面粉

- 工作台面用粗面粉
- 香草黄油
- 2 把香草 B. 罗勒、欧芹、山萝卜
- 2瓣大蒜
- 1 橄榄油
- 150 克 软黄油
- 盐
- 从研磨机胡椒
- 1茶匙未经处理的柠檬皮
- 1 柠檬汁

准备步骤

1. 将酵母与温水混合。将面粉与粗面粉、糖和盐混合在碗中。将溶解的酵母和 4 汤匙橄榄油一起加入，然后使用电动手动搅拌器的面团钩将所有东西揉成光滑的面团。根据需要改变面粉的量。盖上盖子，在温暖的地方发酵约 1 小时。
2. 再次将面团揉匀，在撒有面粉和粗面粉的工作台面上形成一条长条（约 50 厘米）。将圆环放在衬有烤纸的烤盘上，将两端压在一起。盖上布，再静置 30 分钟。
3. 将烤箱预热至200°C风扇烤箱。

4. 将剩余的油刷在面包圈上，然后放入烤箱烘烤约 40 分钟，直至呈金黄色。
5. 从烤盘中取出，放在金属架上冷却。
6. 对于香草黄油，将香草冲洗干净，甩干，摘下叶子并将它们放入搅拌机中。去皮并加入大蒜。与油一起搅成糊状。将混合物搅拌到软化的黄油中，加入盐、胡椒粉、柠檬皮屑和柠檬汁调味。
7. 每隔 2 厘米切入面包，但不要切透。放在烘焙纸上，下面铺上铝箔纸。将香草黄油涂抹在切口处，然后在烤箱中再次烘烤面包 10-

   15.
8. 取出，稍稍冷却，趁热食用。

26. 夹心白面包

原料

- 250 克小麦粉
- 2茶匙全蔗糖
- 100 毫升温牛奶（3.5% 脂肪）
- 1包干酵母
- 100 克 茄衣马铃薯 2 汤匙 液体黄油
- 200 克 1050 型小麦粉
- 2茶匙盐
- 1 把细香葱（10 克）
- 6 片中世纪高达

准备步骤

1. 将 100 克小麦粉与全蔗糖、100 毫升温水、牛奶和酵母混合在碗中，盖上盖子，在温暖的地方发酵 30 分钟。
2. 同时，将土豆去皮并通过土豆压榨机压榨。用土豆、黄油、剩余的面粉、1050 型小麦粉和盐揉面团。做成一个球，放在烤盘上。盖上盖子发酵约 1 小时，直到面团体积增加一倍。
3. 在 200°C 的预热烤箱中烘烤白面包 30-40 分钟，直至金黄色。同时，将细香葱洗净，甩干并切成卷。将奶酪切成小块。
4. 让面包冷却。冷却后深深地切成格子状。用细香葱和奶酪填满切片，立即食用。

27. 核桃面包

原料

- 500 克全麦面粉
- 1包干酵母
- 10 克全蔗糖（1 茶匙）
- 2 小枝迷迭香
- 150 克核桃仁
- 蜂蜜
- 1茶匙盐
- 胡椒
- 50 毫升牛奶（1.5% 脂肪）

- 50 毫升橄榄油

准备步骤

1. 在搅拌碗中混合面粉、酵母和糖。
2. 用手动搅拌机的面团钩搅拌 250 毫升温水，直到形成均匀的面团。盖上盖子，在温暖的地方发酵约 30 分钟。
3. 与此同时，将迷迭香冲洗干净，甩干，拔下针叶并切碎。
4. 在不粘锅中短暂地烤核桃。加入蜂蜜和迷迭香，加热。用盐和胡椒调味，然后放在盘子里。
5. 将牛奶加热至微温，然后用油搅拌成面团。揉入坚果蜂蜜混合物，直到所有东西都粘合在一起，面团又亮又光滑。
6. 将面团做成一条长面包，放在铺有烤纸的烤盘上。盖上盖子，在温暖的地方发酵约 20 分钟。在中间架子上以 220 °C 的预热烤箱烘烤约 3 分钟。40 分钟。

28. 大蒜面包西冷牛排

原料

- 500 克里脊肉（此处：来自苏格兰牛肉和苏格兰羊肉）
- 奇米秋里酱
- ½ 长棍面包
- 橄榄油、大蒜、盐和胡椒
- 一些新鲜的沙拉

准备

1. 烧烤前约一小时将牛排从冰箱中取出，使其达到室温。切开脂肪盖，用粗海盐在肉的两面摩擦。*烧烤*

2. 烤架是为在高温下直接烧烤而准备的，牛排是用井-

   已知的 90/90/90/90 方法。为此，使用了 LE3 的嘶嘶声区，然后将肉在略低于 150°C 的温度下放入烤架中，核心温度约为 150°C。54°C。与此同时，将橄榄油与少许盐、胡椒粉和两瓣压榨的蒜瓣混合，涂抹在切好的法棍面包上。面包现在在烤架上简单地烤一下，然后放在沙拉上。添加一些chimichurri。牛排非常多汁，味道很好。盐和胡椒完美地衬托出肉的美味。

29. 低碳水化合物意式薄饼

原料

- 50 克葵花籽
- 50 克 芝麻
- 200 克杏仁粉
- 30 克亚麻籽
- 5 个鸡蛋（m 号）
- 200 克粒状奶油芝士
- 1 汤匙 泡打粉
- 1茶匙盐
- 4 汤匙 橄榄油
- 100 克黑橄榄（去核） 100克

- 西红柿（新鲜或干的）
- 2 汤匙 意大利香草**准备步骤**

1. 将葵花籽和芝麻一起放入搅拌机中，加工成细面粉。然后将杏仁粉和亚麻籽一起放入碗中。

2. 打鸡蛋并用手动搅拌器搅拌。用（棒状）搅拌器将粒状奶油奶酪混合成光滑的团块，然后将其与发酵粉、盐和橄榄油一起加入鸡蛋混合物中。小心地将所有东西混合在一起。

3. 将鸡蛋混合物加入面粉混合物中，搅拌直至形成均匀的低碳水化合物意式薄饼面糊。在碗中静置约 5 分钟。

4. 将面团放在衬有烤纸的烤盘上或放入面包盘中。用手指将典型的酒窝压入低碳水化合物意式薄饼中，然后在 180°C 的预热烤箱中烘烤 15 分钟。

5. 同时，根据需要将橄榄和西红柿切成两半。如果使用干西红柿，请将它们切成大块。

6. 将低碳水化合物意式薄饼从烤箱中取出，盖上橄榄和西红柿，小心按压并撒上意大利香草。再烘烤 5-10 分钟，直至呈金黄色。让完成的低碳水化合物意式薄饼冷却下来，加入少许橄榄油和盐。

30. 烤大饼

原料

- 500克面粉
- 一些盐（约1/2茶匙）
- 2 汤匙 您选择的香料
- 1个。干酵母

- 250毫升温水**准备**

1. 混合所有干成分。将温水倒在上面，用面团钩搅拌成光滑的面团。盖上盖子，让面团发酵 60 分钟。

2. 然后塑造大约 7 - 8 个大饼并放在烤架上。每边约5分钟。小心不要烫伤。当烤架很热时，将其放在一边。或者更频繁地翻转它。可能会打开 1 个大饼，看看大饼是否准备好。

3. 然后趁热上桌。味道不错，还配了大蒜黄油。如果你愿意，你可以在面糊中加入 1 瓣压榨过的大蒜。与迷迭香或百里香等新鲜香草搭配也很美味。

31. 香辣烤面包

原料

- 500克面粉
- 350毫升水
- 40 克酵母
- 1 趾 / n 大蒜
- Onion(s)（炸洋葱）
- 200 克奶酪，切丁
- 200 克意大利腊肠，切丁
- 1茶匙糖
- 1 碱盐
- 香菜种子，整粒或磨碎

- 牛至**准备**

1. 混合水、酵母和香料，直到酵母溶解。将面粉、奶酪和萨拉米香肠混合在一起，然后用液体加工。让面团静置 1 小时。在弹簧盘上涂上润滑脂，然后将面包在 180°C 下烘烤约 45 分钟。

32. 草药长棍面包

原料

- 1个长棍面包
- 1/2 束罗勒
- 1/2 束细香葱
- 1/2 束欧芹
- 1/2 束牛至

- 1茶匙盐
- 100 克黄油

准备

1. 对于香草面包，首先将香草切成小块。将软黄油与盐和香草混合。
2. 将长棍面包沿对角线切开，在空隙处涂抹香草黄油。
3. 用铝箔包裹香草法式长棍面包，放在烤架上烤约 10 分钟。

33. 烤架上的辣面包

原料

- 1 个全面包
- 100 克黄油
- 2 小枝新鲜百里香
- 2 枝新鲜罗勒
- ¼ 束欧芹

- 橄榄油
- 盐
- 黑胡椒
- 辣椒
- 250 克磨碎的切达干酪

准备

1. 在深碗中混合黄油、切碎的百里香、罗勒、欧芹、盐和香料。将面包切成薄片，以免破裂。在每片之间涂上黄油，撒上切达干酪。
2. 将铝箔铺在柜台上。铺上防油纸，放上面包。将鼠标悬停在少许橄榄油上。轻轻地把纸包在边缘。在过热的烧烤架上烤 15 分钟。服务热。

34. 乳猪三明治

成分为

- 乳猪（预煮），
- 面包,
- 羊肉生菜,
- 洋葱,

- 黄瓜,
- 番茄,
- 烤肉酱

准备

1、冷冻的乳猪在烧烤前一天放入冰箱慢慢解冻。羊肉生菜、黄瓜和西红柿洗净后用于三明治浇头。洋葱被切成圈。

烧烤

1.先将烤架（或烤箱）加热至120°C间接加热。将肉放在盛有水的耐火盘中，并插入一个插入物，使脂肪滴入水中。肉以这种方式煎约 60 分钟。为了使地壳达到完美的效果，将温度升高到大约 10 摄氏度。60 分钟后 200°C。现在重要的是要为地壳获得足够的顶部热量。如有必要，您也可以将带有外皮的肉直接放在火上。大约 15 分钟后，面包皮应该准备好了。但是在这里请根据您的感受行事，以免地壳燃烧-那将是一种耻辱！面包片在直接加热的情况下两面短暂烘烤。

35. 脆皮面包奶酪沙拉

原料

- 120 克全麦黑麦面包（3 片）
- 30 克葡萄干
- 4 汤匙 果醋
- 盐
- 胡椒
- 4 汤匙 红花油
- 300 克苹果（例如，elstar，2 个苹果）

- 1 ½ 串萝卜
- 100 克切片奶酪（例如 leerdammer，绝对脂肪含量为 17%）
- 1束平叶欧芹

准备步骤

1. 将面包切成 1 厘米的方块，放入不加油的平底锅中以中火烤约 4 分钟至酥脆。放在盘子里冷却。

2. 同时，用热水冲洗葡萄干并沥干。将果醋与少许盐、胡椒粉和红花油混合制成沙拉酱。

3. 将苹果洗净，将每个苹果从4个面朝中心切成约5毫米厚的薄片，切成方块。将苹果块和葡萄干与调料混合。

4. 清洗、沥干和清洁萝卜。小萝卜叶放在一边；将萝卜切成四分之一。

5. 将奶酪片切成 2 厘米的正方形。清洗欧芹，甩干并摘下叶子。

6. 混合奶酪、欧芹和萝卜叶、萝卜和苹果酱。用盐和胡椒调味。
7. 将生菜放入密封良好的大型食品储存容器（容量约 1.5 升）中进行运输。将面包块放入较小的食品储存容器（约 500 米容量），并在食用前撒上奶酪和萝卜沙拉。

36. 土耳其奶油芝士卷

原料

- 4 片火鸡胸肉
- 5 克家禽调味料
- 15颗黑橄榄
- 4个晒干的西红柿
- 150 克奶油芝士
- 1 汤匙 面包屑
- 1汤匙普罗旺斯香草

准备

1. 对于这个食谱，我们需要尽可能薄的火鸡胸肉片。为此，火鸡胸肉片再次用搅拌器打碎，类似于已知的炸肉排，直到它们均匀变薄。
2. 细碎的肉撒上家禽香料混合物。然后是馅料，将西红柿和橄榄切成小块，与奶油芝士混合。为了提高这种质量的一致性，添加了面包屑。
3. 用奶酪混合物刷火鸡片，撒上来自
   普罗旺斯。现在必须将完成的肉片卷起来。将肉片卷紧很重要，否则它可能会在烤架上散开。
4. 为了让我们的火鸡胸肉卷不仅在味道上大放异彩，而且在烤架上也能在美学上大放异彩，我们用火鸡胸肉卷做了一个烤肉串。将卷切成约。3厘米宽，串3-4根扁。

37. Cevapcici 大饼

原料

- 1公斤肉末（混合牛肉/羊肉或牛肉/猪肉）
- 1个大洋葱
- 3瓣大蒜
- 少许新鲜欧芹

- 1 汤匙 橄榄油
- 1汤匙盐
- 3茶匙辣椒粉
- 3茶匙胡椒粉， 细磨
- 大饼
- 沙拉 艾杰瓦尔
- 辣椒

准备

1. 洋葱切碎（未切碎）， 压蒜瓣， 欧芹切碎。肉末与洋葱、大蒜、欧芹和其他配料充分混合，使香料分布均匀。
2. 现在你形成拇指厚的 cevapcici， 长约 7 厘米。Cevapomaker 的使用在这里很合适， 您可以用它在一道菜中形成七个 Cevapcici。*烧烤*

1. 烤架准备用中火直接烧烤。cevapcici 放在热烤架上， 3 到 4 分钟后翻转， 另一面烤。然后将 cevapcici 从烤架上取下， 我们准备大饼。大饼上面放着沙拉， 上面放着 6 - 7 个切瓦普奇奇。在上面撒上 2 - 3 汤匙半开的汤匙， 然后在上面放两个辣椒。

38. 熏鲑鱼面包

原料

对于传播

- 100 克奶油芝士
- 1 ½ 汤匙 罐装辣根
- 1 撮粒状蔬菜汤
- 1小撮辣椒粉
- 50 克 打发的奶油

- 盐
- 胡椒
- 4片全麦面包
- 4 片较大的烟熏三文鱼
- 1 个红辣椒
- 2 汤匙 葵花籽
- 1 汤匙 切碎的欧芹

准备步骤

1. 将奶油芝士与辣根、高汤和辣椒粉混合，直至变得光滑。拌入奶油，用盐和胡椒调味。
2. 将酱料涂在面包上，然后在上面放上鲑鱼。将辣椒洗净，去籽，切成圈，与葵花籽和欧芹混合。用它装饰面包并立即食用。

39. 烤面包

原料

- 3 个鸡尾酒西红柿
- 8 个酸豆（从罐子里）
- 70 克马苏里拉奶酪
- 1个。皮塔饼
- 80 克早午餐红辣椒
- 4片帕尔马火腿
- 胡椒（现磨）**准备**

1. 洗西红柿。将西红柿、刺山柑和马苏里拉奶酪切成薄片。

2. 将早午餐涂在面包上。一个接一个地盖上西红柿、刺山柑和马苏里拉奶酪。

   烤约。在烤箱的热烤架下烤 5 分钟。上面放上火腿，撒上胡椒粉。

40. 小扁面包

原料

- 500 克全麦面粉
- 21 克新鲜酵母（0.5 块）
- 1茶匙蜂蜜
- 1茶匙盐

- 70 毫升 橄榄油
- 7 个小葱

准备步骤

1. 将面粉筛入一个大碗中，在中间挖一口井。将孔中的酵母粉碎，倒入蜂蜜和 4 汤匙温水。在边缘撒上少许面粉，然后将预生面团盖在温暖无风的地方约 10 分钟。
2. 将盐、4 汤匙橄榄油和约 200 毫升温水加入预面团中，并使用手持式搅拌机的面团钩搅拌成光滑的面团。盖上湿茶巾，在室温下发酵约 1 小时。
3. 同时，将葱洗净，切成细丝。
4. 在撒了面粉的工作台上，用葱卷和大约 2 汤匙橄榄油再次揉好面团。然后分成8份。用擀面杖擀成小面包，刷上剩余的油。在两侧的热烤架上烧烤约 5 分钟。转动时 10-15 分钟。

早餐面包

41.健身面包

原料

- 300 克全麦黑麦面粉
- 300 克全麦面粉
- 2茶匙盐
- 2 汤匙 蜂蜜

- 50 克胚芽
- 2 汤匙 菜籽啤酒
- 70 克南瓜子
- 75 克核桃仁
- 100 克杏子（干）
- **准备**刷牙用的牛奶

1. 混合两种类型的面粉和盐。将蜂蜜和酵母与 1/2 升温水混合。与油一起加入面粉中。用力揉搓最多 10 分钟。

2. 盖上盖子，在温暖的地方发酵约 25 分钟。将南瓜、核桃和杏大致切碎，加入面团中并再次揉搓。塑造一个面包或将面团放入涂有涂层的面包盘中。刷上牛奶，再盖上盖子静置 15 分钟。

3. 将装有冷水的碗放入管道中，以 180°C 烘烤面包约 60 分钟

（不要预热）

42. 可可橙面包

原料

- 250 毫升牛奶（1.5% 脂肪）
- 1 块酵母（新鲜）
- 3汤匙橙花蜂蜜
- 1 个橙子（有机）
- 300 克斯佩耳特面粉

- 80 克玉米糁
- 100 克杏仁（磨碎，烤）
- 10克盐
- 50 克 可可粉
- 面粉（工作用）**准备**

1. 对于可可和橙子面包，将牛奶加热至微温。在一半的牛奶中粉碎酵母。将这些与牛奶中的蜂蜜溶解，静置直至出现气泡。

2. 用热水清洗橙子，擦干，将果皮磨碎，将橙子切成鱼片，收集汁液。将鱼片切成小块。将 2 汤匙橙汁加入剩余的牛奶中。

3. 将拼面粉、玉米粒、杏仁、盐、可可粉、橙皮和鱼片放入搅拌碗中。最后，倒入酵母奶混合物。在食品加工机的低档用面团钩揉捏时，逐渐加入足够的剩余牛奶，直到形成松软、均匀的面团。

4. 将面团在撒了面粉的工作台上用手掌揉约5分钟，反复揉搓和翻动直至不再粘手和有弹性，然后将其盖在碗中约2小时至其体积增加一倍.

5. 在烤盘上盖上羊皮纸，将面团放在上面，面团顶部朝下，呈球状，然后横向切开。盖上盖子，让面团静置约 1 小时，直到体积增加一倍。

6. 将烤箱预热至 220°C（不适合对流）。将面包表面刷上水，将面包放在倒数第二个烤架上烤40-45分钟。将完成的可可和橙子面包从烤箱中取出，放在金属架上完全冷却。

43. 全麦拼面包

原料

- 500 克全麦拼面粉
- 15克盐
- 7克干酵母
- 5克面包香料
- 70 克 芝麻
- 70 克葵花籽
- 70 克南瓜子
- 15 克香菜籽（整颗）
- 500 毫升水（微温）
- 种子（用于洒水）**准备**

1. 混合所有干燥成分，加水揉搓并盖上盖子静置 30 分钟。

2. 在烤盘上铺上烘焙纸，然后加入面团。

3. 撒上种子，将面包放入预热烤箱以 190°C 烘烤约 75 分钟。在烤箱底部放一个装有水的平底锅。

44. 番茄奶油香草鸡蛋面包

原料

- 2 片黑面包
- 1 个葱（小，洗净，切成圈）
- 水芹（用于洒水）

- 2汤匙黄油（煎炸用）

对于番茄奶油：

- 4 汤匙 奶油芝士
- 6 汤匙 番茄酱
- 盐
- 胡椒（来自工厂）

对于香草蛋菜：

- 4个鸡蛋
- 1 杯矿泉水
- 1/2 束欧芹（洗净，精细

  切碎的） 1/2 束细香葱（洗净，切碎

  成卷）
- 1 把豆芽（您可以选择，例如红甘蓝芽）

- 盐
- 胡椒（来自工厂）
- 1 捏肉豆蔻（磨碎）**准备**

1. 对于香草鸡蛋面包，用番茄奶油打鸡蛋，撒上矿泉水，并用盐、胡椒和肉豆蔻调味。

   拌入香草。

2. 在平底锅中融化黄油。一旦黄油开始起泡，将香草鸡蛋混合物倒入锅中，让它慢慢凝固，反复搅拌。一旦鸡蛋盘底部变硬但顶部仍然略微流淌，将平底锅从火上移开并放在一边。

3. 对于番茄奶油，将奶油芝士与 2 汤匙番茄酱大致混合，用盐和胡椒调味。将面包片切成两半，每片刷上 2 汤匙番茄酱，然后在上面涂上番茄奶油。用叉子"夹起"香草鸡蛋盘，铺在面包上。

4. 在香草鸡蛋面包上撒上番茄奶油、水芹和葱，即可食用。

45. Kamut 面包配燕麦和小米

*2条面包的*配料：

- 30克盐
- 40 克酵母
- 600毫升水
- 50 克 酵母
- 850 克全麦卡姆面粉（精细研磨）
- 150 克全麦面粉（中度粗磨）

- 100 克小米（现磨）
- 面包香料（茴香、茴香、葛缕子、香菜——适量）

准备

1. 对于卡姆面包，将盐和酵母溶解在水中，与酸面团和其余成分一起加工，形成一个相当柔软的面团。
2. 休息 45 分钟。
3. 分成2等份，滚圆，然后做成假发。
4. 滚入燕麦片或燕麦麸，放入面包烤模中。
5. 再次休息 45 分钟。
6. 将烤箱预热至250°C，在上面放一个装有水的容器。
7. 加入面包，3分钟后调回180°C。
8. 在切片之前让 Kamutbrot 冷却。

46. 熏鳟鱼健身面包

原料

- 1个苹果
- 2 片鳄梨
- 1 汤匙 柠檬汁
- 4 汤匙法式酸奶油
- 2 茶匙辣根

- 椒盐
- 4个全麦面包（大片）
- 150 克鳟鱼片（烟熏）
- 4 汤匙 甜菜根芽**准备**

1. 对于熏鳟鱼健身面包，将苹果、四分之一、核心洗净，切成细条。
2. 将鳄梨切半，去核、去皮并切成条状。
3. 在苹果和鳄梨条上淋上柠檬汁。
4. 将法式酸奶油与辣根混合，用盐和胡椒调味。
5. 在每片面包上涂抹 1 汤匙辣根奶油。
6. 将鳄梨和苹果条放在上面，用盐和胡椒调味。
7. 将鳟鱼片切成一口大小的块，然后将它们分布在面包上。
8. 用甜菜根芽装饰。

47. 脆皮面包煎蛋

原料

- 2片夹心卷（厚）
- 4片培根

2个鸡蛋**准备**

1. 将烤箱预热至烧烤设置。

2. 从面包或奶油蛋卷上切下约 3 厘米厚的薄片。切出一个直径约为5 厘米。

3. 在平底锅中煎 2 片重叠的早餐培根。将面包片放在上面并煎炸。

4. 在每个孔中打一个鸡蛋并调味。盖上盖子，用中火煎 5-7 分钟，直到鸡蛋开始变稠。

5. 现在将没有盖子的平底锅滑到烤箱的顶部导轨上，直到面包被烤到金黄色并且鸡蛋是完整的。

6. 取出，与装饰一起放在盘子里，撒上细香葱。

48. 曲麦佐金枪鱼

原料

- 12 片 tramezzini 面包（柔软、多汁的无壳白面包）
- 200 克金枪鱼（白肉，用油腌制）
- 1 汤匙 柠檬汁
- 4 汤匙 蛋黄酱
- 1 汤匙 干邑白兰地
- 海盐（来自工厂）
- 胡椒（来自工厂）

准备

1. 用柠檬汁将金枪鱼搅成泥。
2. 与蛋黄酱混合，用盐、胡椒和白兰地调味。
3. 把它厚厚地涂在一半面包上，然后盖上另一半。

4. 将每个面包斜切成两个三角形。

49. 橄榄面包

原料

- 500克面粉
- 1包干酵母

- 2茶匙盐
- 300 毫升水（微温）
- 100 克卡拉马塔橄榄（在油或盐水中）
- 牛至（干）
- 胡椒
- 2汤匙橄榄油**准备**

1. 将面粉、干酵母、盐和温水揉成中等强度的酵母面团，然后盖在温暖的地方。
2. 将橄榄切半并去核。
3. 将面团擀成两片，一片比另一片大一些。将较大的切片放在涂有油脂和面粉的托盘上。将橄榄撒在上面，用牛至和胡椒调味。
4. 将第二张糕点放在上面，将边缘压在一起，然后在大饼上刷上橄榄油。用叉子在表面戳几次，让其上升 30 分钟。
5. 放入180°C的预热烤箱中烘烤约30分钟。

50. 增亮香蕉面包

原料

- 1 包低脂奶油芝士（227

克）

- 一个容量为
- 130毫升含黄油
- 一个装有糖的 3/8 升碗
- 2个蛋
- 一个容量为
- 3/8 升加熟香蕉，做成泥

- 1/2 茶匙香草精
- 一个容量为
- 3/4 升含通用面粉
- 1/2 茶匙小苏打
- 1/2 茶匙小苏打
- 1/2茶匙盐
- 一个容量为
- 1/4 升山核桃，切碎和

拆分**准备**

1. 在一个大碗中，将奶油芝士、黄油和糖充分混合。
2. 一个接一个地加入鸡蛋，每次加入后都很好。
3. 加入香蕉和香草。
4. 混合面粉、泡打粉、泡打粉和盐。逐渐添加到奶油混合物中，直到它变湿。
5. 放入 130 升山核桃。
6. 放在涂有不粘烹饪喷雾的 2 厘米 x 1 厘米长面包盘上。
7. 撒上剩余的山核桃。
8. 在 170 度下烘烤 55-60 分钟，或者直到牙签在中心附近干净为止。

51. 微波炉面包

原料

- 3汤匙小麦纤维
- 2 汤匙天然酸奶
- 1汤匙发酵粉（蛋糕） 润滑用油 加盐调味。
- 3汤匙细燕麦片
- 1个鸡蛋

制备方法

1. 在碗中加入鸡蛋和原味酸奶并混合。

2. 加入小麦纤维、燕麦并混合。

3. 加入泡打粉和盐，搅拌均匀。

4. 用橄榄油在微波炉安全的方形锅上涂上油脂，加入面糊，直立并用微波炉加热 2 分钟。

52. 奶油黄瓜三明治

原料

- 85 克奶油芝士
- 1 个中号黄瓜
- 1 汤匙 酸奶油
- 1/8 茶匙盐
- 1 撮胡椒粉
- 1/8 茶匙大蒜粉
- 杏仁粉面包或其他低碳水化合物面包

准备

1. 将黄瓜磨碎，沥干多余的液体。
2. 将奶油芝士、黄瓜和酸奶油混合均匀。用盐、胡椒粉和大蒜粉调味。
3. 将低碳水化合物面包片切成两半，使它们更薄。将黄瓜混合物放在底部切片上，并用顶部切片覆盖。切一半。

53. 含 Nutri-Plus 的蓬松蛋白质面包

原料

- 90 克中性 Nutri-Plus 蛋白粉
- 200 克腰果
- 200 克亚麻籽
- 500 克无糖大豆酸奶
- 150毫升 水
- 100 克葵花籽
- 1 包。发酵粉

- 1/2茶匙盐

准备

1. 首先将腰果、亚麻籽和蛋白粉放入搅拌机中，然后将所有东西一起切碎成粗面粉。
2. 然后将大豆酸奶、水、小苏打和盐倒入碗中，加入腰果蛋白粉混合物。
3. 第三次将所有东西搅拌成光滑的面团，然后将其填充到衬有烘焙纸的表格中。
4. 让面团脱壳约 10-15 分钟。

   及时，您可以将烤箱预热至175°C。
5. 将面包烘烤约 60 分钟。为了确保它真的烤透了，做棒测试。
6. 放凉，待味道鲜美后再放凉。

54. 微波快速生酮面包

原料

- 3汤匙。杏仁粉
- ½ 茶匙 洋车前子粉
- ½ 茶匙 泡打粉
- 一撮盐
- 1 个大鸡蛋**准备**

1. 将干原料加入一个小碗中，然后加入黄油和鸡蛋。拌匀。
2. 润滑微波炉、马克杯或小碗，然后加入面糊。
3. 将面包放入微波炉中加热 80-100 秒。

4. 轻轻地将面包放在砧板上，切成两半。

55. 培根芝士面包

原料

- 200 克培根
- 1/2 杯杏仁粉
- 1 汤匙 泡打粉
- 1/3 杯酸奶油
- 大蛋
- 汤匙融化的黄油
- 1 杯磨碎的切达干酪

准备

1. 将烤箱预热至 148 度。烤盘抹油。然后将培根切成方块，放入锅中煎至酥脆。
2. 打杏仁粉和泡打粉。
3. 打酸奶油和鸡蛋。
4. 将干湿成分混合在一起。
5. 加入黄油并混合，然后加入培根和切达干酪。
6. 将面团放入面包盘中。用一点奶酪装饰顶部。
7. 烘烤 45 分钟，然后将一根木制牙签插入中间。当牙签干净时，面包就做好了。
8. 切片前让面包冷却，因为如果你热切它，它可能会散开。更好的是，如果你在上菜前把面包放在冰箱里。

56. 芝士大比目鱼芝士面包

成分

- 450-900 克大比目鱼（约 6 片鱼片）
- 1 片黄油
- 3 汤匙 磨碎的巴马干酪
- 1 汤匙 面包屑
- 1茶匙盐
- ½ 茶匙 黑胡椒
- 2茶匙大蒜粉
- 1 汤匙 干欧芹

准备

1. 烤箱预热至204度。

   将碗中的所有成分彻底混合，除了 platus。

2. 用纸巾擦干鱼片，然后将每个部分放在涂有羊皮纸的烤盘上，涂油。
3. 将奶酪混合物放入鱼片中，使其覆盖上半部分。
4. 烤鱼 10-12 分钟（至少转动一次平底锅）。
5. 加热 2-3 分钟，直到顶部呈金黄色。用叉子检查准备情况。

57. 烤茄子三明治

成分

- 1个中型茄子（或2个小西葫芦）
- 1 至 2 汤匙低钠酱油（如果您对麸质敏感，请使用不含小麦的酱油）
- 1汤匙香醋
- 8 片大而厚的全麦面包或无麸质面包
- 1 个烤红辣椒，切片

1 个大烤蒜头

- 4 茶匙第戎芥末（可选）
- 4片红生菜叶**准备**

1. 将茄子斜切成 1/4 英寸（6 毫米）的薄片。
2. 将茄子片刷上酱油，放在烤架或铁锅上用中高温调味，每面烤 2 至 4 分钟，直到茄子片变软并呈浅褐色。
3. 将它们从锅中取出并撒上醋。把它们放在一边。吐司面包，如果需要，在下片撒上 2 到 4 瓣大蒜，加入一层烤茄子，折叠软块以适合面包片。
4. 上面放上烤红辣椒和生菜片。如果需要，将芥末涂在面包的顶部，然后完成三明治并上菜。

•

58. 黄瓜羽衣甘蓝开放式三明治

成分

- 2 片全麦面包，烤过的
- 2 至 3 汤匙鹰嘴豆泥，不含芝麻酱或油
- 1 个切碎的葱
- ¼ 杯切碎的新鲜香菜
- 2片中等羽衣甘蓝叶，切成小块（大约香菜叶大小）
- ½ 小黄瓜
- 你选择的芥末

  柠檬胡椒（Mrs. Dash 和 Frontier 品牌没有盐）

准备

1. 在烤面包上大量涂抹鹰嘴豆泥。将葱、香菜和羽衣甘蓝均匀地撒在鹰嘴豆泥上。
2. 将黄瓜切成 8 圈，每圈涂上一层薄薄的芥末。
3. 将黄瓜片（芥末向下）放在香菜和羽衣甘蓝层的顶部，如有必要，向下压，使它们保持原位。
4. 在开口三明治上撒上大量柠檬胡椒，根据需要将其切成两半或四等分，然后上菜。

•

59. 菠菜芝士面包

原料

- 225 克杏仁粉
- 2茶匙泡打粉
- ½ 茶匙 盐
- 100 克软黄油
- 85 克新鲜菠菜，切碎
- 1 瓣大蒜，切碎
- 1 汤匙 切碎的迷迭香
- 2个大鸡蛋

140 克磨碎的切达干酪

准备

1. 将烤箱预热至200度。
2. 将杏仁粉、发酵粉和盐放入一个大碗中。混合均匀，然后加入油并再次混合。
3. 添加剩余的成分（如果您愿意，可以在面包顶部留下一点切达干酪）。拌匀。
4. 将面团放入铸铁煎锅中，抹上油，做成厚约3.5-4厘米的薄饼。
5. 烤25-30分钟；然后将面包放在锅中冷却 15 分钟。

•

60. Tramezzini 配火腿和戈贡佐拉奶酪

原料

- 2 片 tramezzini 面包（没有外皮的软白面包）
- 80-100 克火腿（切片火腿）
- 50 克奶酪（Gorgonzola）

- 1个。番茄

  准备一些胡椒粉（磨碎）

1. 将火腿的上半部分放在 tramezzini 面包上。将番茄切成薄片，放在上面。用粗刨丝器将戈贡佐拉直接磨碎并均匀分布。用碎胡椒粉调味。在上面放上剩下的火腿，然后盖上第二片面包。用锋利的刀斜切成两个三角形。立即食用或用保鲜膜包裹在阴凉处存放，以免多汁的白面包变干。

零食

•

61. 烤面包

原料

- 3 个鸡尾酒西红柿
- 8 个酸豆（从罐子里）
- 70 克马苏里拉奶酪
- 1个。皮塔饼
- 80 克早午餐红辣椒
- 4片帕尔马火腿

胡椒（现磨）**准备**

1. 洗西红柿。将西红柿、刺山柑和马苏里拉奶酪切成薄片。
2. 将早午餐涂在面包上。一个接一个地放上西红柿、刺山柑和马苏里拉奶酪。烤约。在烤箱的热烤架下烤 5 分钟。上面放上火腿， 撒上胡椒粉。

•

62. 面包芝士串

原料

- 2 片裸麦粗麦粉
- 25 克脱脂奶油芝士
- 50 克完整的低脂半硬奶酪
- 1/4 黄瓜
- 1/4 苹果
- 4 块鸡尾酒西红柿
- 椒盐

- 2木串**准备**

1. 对于面包和芝士串，将黑麦粗麦片切成两半，在切半的黑麦粗麦片上涂上 1 汤匙奶油芝士，在上面放另一片面包，再涂上奶油芝士，在上面放第三片，涂上奶油芝士，最后用黑麦粗麦粉。
2. 将面包块切成 2 厘米的方块。还将半硬奶酪切成稍小的方块。把苹果切成三个楔子。
3. 将裸麦粗麦块、黄瓜片、苹果片、奶酪块和西红柿交替放在木串上。然后在面包奶酪串上撒上少许盐和大量现磨胡椒粉。

63. 加醋栗的香草面包陶罐

原料

- 500 克 平底锅
- 175 克奶油芝士
- 50 克香草（混合 - 牛至、百里香、罗勒）
- 盐
- 胡椒
- 4张明胶
- 200 克 火腿
- 100 毫升 鲜奶油
- 200 克醋栗（红色和黄色）
- 20片面包**准备**

1. 对于香草和面包陶罐，将醋栗洗净，沥干水分，然后将它们从茎上剥下来。将面包片去皮。对于陶罐奶油，将香草洗净，甩干并切碎。
2. 奶油奶酪、凝乳奶酪、香草和香料混合得很好。

3. 将明胶浸泡在冷水中。同时，稍微加热生奶油（不要煮沸！），然后将挤好的明胶溶解在其中。然后迅速搅拌成奶油奶酪凝乳混合物。
4. 最后拌入葡萄干。
5. 对于香草和面包陶罐，在面包盘上铺上保鲜膜。
6. 在面包盘上铺上保鲜膜。底层填满面包皮，然后涂上奶油，放上意大利熏火腿，最后放上面包片。重复这个序列几次。
7. 让陶罐冷却几个小时。
8. 食用前一段时间，将香草和醋栗面包陶罐从冰箱中取出，将其从模具中取出，并用醋栗和新鲜香草装饰。

64. Kamut 燕麦小米面包

*2条面包的***配料**：

- 30克盐
- 40 克酵母
- 600毫升水
- 50 克 酵母
- 850 克全麦卡姆面粉（精细研磨）
- 150 克全麦面粉（中度粗磨）

- 100 克小米（现磨）
- 面包香料（茴香、茴香、葛缕子、香菜——适量）

准备

1. 对于卡姆面包，将盐和酵母溶解在水中，与酸面团和其余成分一起加工，形成一个相当柔软的面团。
2. 休息 45 分钟。
3. 分成2等份，滚圆，然后做成假发。
4. 滚入燕麦片或燕麦麸，放入面包烤模中。
5. 再次休息 45 分钟。
6. 将烤箱预热至250°C，在上面放一个装有水的容器。
7. 加入面包，3分钟后调回180°C。
8. 在切片之前让 Kamutbrot 冷却。

65. 火腿三明治

原料

- 4 片清淡的酵母面包
- 2 汤匙 橄榄油
- 120 克火箭
- 200 克山羊奶油芝士
- 200 克火腿（切成薄片）

胡椒酱：

- 2个辣椒（红色）
- 2个西红柿（中等大小）
- 2 瓣大蒜
- 1 个小葱
- 2 汤匙 苹果醋
- 3汤匙糖（棕色）
- 2汤匙柠檬汁（新鲜）
- 盐
- 胡椒粉（黑色）
- 辣椒的**准备**

1. 将西红柿切成两半，在一个空碗上放一个粗刨丝器，在上面擦上西红柿，然后丢弃碗。
2. 将西红柿放入锅中，转为中火。灯笼椒切碎，小葱和蒜瓣去皮，切碎。将辣椒、青葱、大蒜和其他材料放入锅中，煮沸，调小火，让果酱慢慢沸腾。文火煮 45 分钟，或直到糖浆状。

3. 放凉后倒入果酱罐中。适合搭配三明治，也适合搭配烧烤和亚洲菜肴。

4. 在冰箱中保持关闭

66. Bruschette 配鸡蛋面

原料

- 2个鸡蛋（煮熟）
- 2汤匙泡菜（切碎）
- 2汤匙黄瓜（切碎）
- 2 汤匙 酸奶油
- 盐
- 胡椒
- 1　汤匙欧芹（切碎）

准备

1. 将所有材料混合均匀并调味。将面包片放入预热至 250°C 的烤箱中烘烤约 4 分钟。刷上鸡蛋面层，立即上桌。

67. 金枪鱼三明治

原料

- 12 片 tramezzini 面包（柔软、多汁的无壳白面包）

- 200 克金枪鱼（白肉，用油腌制）
- 1 汤匙 柠檬汁
- 4 汤匙 蛋黄酱
- 1 汤匙 干邑白兰地
- 海盐（来自工厂）
- 胡椒（来自工厂）**准备**

1. 用柠檬汁将金枪鱼搅成泥。
2. 与蛋黄酱混合，用盐、胡椒和白兰地调味。
3. 把它厚厚地涂在一半面包上，然后盖上另一半。
4. 将每个面包斜切成两个三角形。

68. 土豆面包

原料

- 1/2 立方体胚芽
- 1杯水（温的）
- 250克面粉
- 250 克马铃薯片（粗）
- 1汤匙盐

- 2 汤匙橄榄油（和少许橄榄油来润滑托盘）
- 375毫升的水**准备**

1. 对于土豆面包，在平底锅中粉碎酵母并与温水混合。休息约 5 分钟。

2. 然后将面粉、马铃薯片、盐、1 汤匙橄榄油和水混合到混合酵母中，然后在食品加工机中将所有东西慢慢揉 5 分钟——所有成分应充分混合并形成光滑的面团。

3. 把面团放回锅里，撒上少许面粉，盖上布。让我们上升至少一个小时。

4. 然后在烤盘上刷上橄榄油，并铺上烤纸。把面团放在烤盘中间，淋上剩余的橄榄油，用指尖把面团从里到外均匀地铺在烤盘上。

5. 指尖的压力在表面有小凹痕- 就像意大利意式薄饼。让面团在烤盘上再发酵半小时。

6. 与此同时，将烤箱预热至250度。在热烤箱中烤面包 30 分钟。然后立即从烤盘中取出，翻过来让其蒸发。

69. 鳄梨面包

原料

- 1 个鳄梨（成熟）
- 2片面包
- 100 克奶酪（您的选择）
- 香料 （如盐、胡椒、辣椒）

准备

1. 对于鳄梨面包，首先将鳄梨去皮并去除石头。用叉子将半个鳄梨捣碎到一片面包上。用您选择的香料调味（辣椒片、盐和胡椒或烤鸡香料特别美味）。

2. 将奶酪放在上面（软奶酪切片，较硬的要事先磨碎）并在180-200°C的烤箱中烘烤5分钟，最好有烧烤功能。务必注意不要让奶酪在鳄梨面包上燃烧。

70. 橄榄面包

原料

- 500克面粉
- 1包干酵母
- 2茶匙盐
- 300 毫升水（微温）
- 100 克卡拉马塔橄榄（在油或盐水中）
- 牛至（干）

- 胡椒
- 2汤匙橄榄油**准备**

1. 将面粉、干酵母、盐和温水揉成中等强度的酵母面团，然后盖在温暖的地方。
2. 将橄榄切半并去核。
3. 将面团擀成两片，一片比另一片大一些。将较大的切片放在涂有油脂和面粉的托盘上。将橄榄撒在上面，用牛至和胡椒调味。
4. 将第二张糕点放在上面，将边缘压在一起，然后在大饼上刷上橄榄油。用叉子在表面戳几次，让其上升 30 分钟。
5. 放入180°C的预热烤箱中烘烤约30分钟。

71. 拼写荞麦面包上的茄子奶油

原料

- 2个茄子
- 2瓣大蒜
- 100 毫升橄榄油
- 1 个柠檬（果汁和果皮）
- 1/2 茶匙孜然（磨碎）

- 海盐
- 胡椒（来自工厂）
- 1茶匙芝麻（烤）
- 6 片拼荞麦面包
- 2 根青葱（切圈）
- **准备**香菜（去皮）

1. 将烤箱预热至 180°C。在烤盘上铺上羊皮纸。
2. 将茄子纵向切半，切成菱形切入果肉，注意不要损伤表皮。
3. 将大蒜去皮切碎。压在茄子果肉中的菱形之间。
4. 将茄子放在烤盘上，在上面浇上橄榄油并加盐调味。

   放入烤箱烤45-50分钟。

5. 刮出果肉并放入高脚杯中。加入柠檬皮屑、柠檬汁、孜然、盐和胡椒粉，打成泥。拌入芝麻。
6. 在平底锅中加入少许橄榄油，将面包片煎至酥脆。
7. 在上面涂上茄子奶油。撒上葱和芫荽叶。

72. 脆皮鱼面包

原料

- 1 份意式薄饼
- 250 克鱼片（白色，去皮，最好是鳕鱼）
- 盐
- 胡椒
- 3汤匙面粉
- 1个鸡蛋

- 8 汤匙 panko 面粉（或精细磨碎的白面包（Mie de Pain））
- 植物油（用于油炸；用量取决于平底锅或油炸锅的大小）
- 1 个块茎甜菜根（预煮）
- 2 汤匙 蛋黄酱
- 1 滴柠檬汁
- 1 把花园水芹**准备**

1. 对于脆皮鱼面包，将鱼片切成小矩形，用盐和胡椒调味。要制作酥脆的面包屑，首先将鱼块放入面粉中，然后将它们从打好的鸡蛋中取出，最后放入 panko 面粉或 mie de pain 中。

2. 在深平底锅或油炸锅中，以大约 1.5 度的温度煎裹面包屑的鱼。160°C，浸油，至金黄色。用厨房纸吸干鱼的水分。

3. 与此同时，将意式薄饼切成四等份并水平切成两半。用切成薄片的甜菜根片覆盖面包的底部。

4. 用少许柠檬汁精制蛋黄酱，然后涂在甜菜根上。将一片脆皮鱼放在上面，并用水芹装饰脆皮鱼面包。根据您的口味，佛卡夏面包的顶部可以用作"盖子"。

73. 洋葱面包配山羊奶酪

原料

- 4 个洋葱（红色，约 300 克）
- 1 汤匙 黄油
- 2茶匙糖
- 1/2 茶匙辣椒片
- 100 毫升红酒（干葡萄汁或红葡萄汁）

- 盐
- 4片农夫面包（大）
- 150 克山羊卡门**培尔奶酪**

1. 对于带有山羊奶酪的洋葱面包，将洋葱去皮，切成四等份并切成细条。在平底锅中将黄油和糖融化。将洋葱和辣椒片一起搅拌，然后用中火或小火煎约 5 分钟。倒入红酒或葡萄汁，煮约 13 分钟，直至液体呈奶油状，然后加盐调味。

2. 将烤箱预热至 250 度（现在打开：对流 230 度）。用羊皮纸盖住烤盘。

3. 把面包片并排放在烤盘上，用勺子把洋葱放在上面。将奶酪切成 1 厘米厚的薄片，放在上面。将托盘放入烤箱（中间），将洋葱面包和山羊奶酪一起烘烤约 5 分钟，直到奶酪流动并变成浅棕色。

74. 香草意式烤面包

原料

- 4 片意式薄饼（或其他清淡的乡村面包）
- 1/2 茶匙牛至（干）
- 1/2 茶匙百里香（干）
- 1/2 茶匙马郁兰（干）
- 1 撮辣椒粉

  橄榄油

准备

1. 对于香草意式烤面包，将香草和辣椒粉混合在一起。

2. 在 200 °C（最高加热）的预热烤箱中或在平底锅中将面包片短暂烘烤至酥脆。

3. 将香草混合物涂在上面，然后在意式烤面包上大量淋上橄榄油。

75. 烤牛油果长棍面包

原料

- 1个长棍面包
- 1 个牛油果
- 5个晒干的西红柿（油浸）
- 1/2 束欧芹
- 120 克卡门培尔奶酪
- 盐

- 1 撮辣椒**粉**

1. 烤牛油果法棍，先将牛油果切开，去核，去果肉，用叉子捣碎。将晒干的西红柿切成小块，将欧芹切碎。将卡门培尔奶酪切成薄片。法式长棍面包纵向切开。

2. 将鳄梨与干西红柿、欧芹、盐和辣椒粉混合，然后涂在法棍面包的两半上。盖上切好的卡门培尔奶酪。放入烤箱180度（风扇烤箱）烤5到10分钟。烤鳄梨法式面包趁热食用。

76. 烤法棍配三文鱼和

辣根**成分**

- 1个长棍面包
- 100 克烟熏三文鱼
- 1/2 束莳萝
- 1/2 杯鲜奶油（或者奶油奶酪）
- 2 汤匙 辣根
- 80 克高达（磨碎）

盐

- 胡椒（来自工厂）**准备**

1. 将熏鲑鱼切成细条。将莳萝切碎，与切好的三文鱼、法式鲜奶油、辣根和豪达奶酪一起放入碗中。盐和胡椒。

2. 法式长棍面包纵向切开。

3. 将三文鱼和辣根混合物涂抹在法式长棍面包的两半上，必要时再次撒上奶酪。

4. 在 180-200°C（对流）的预热烤箱中烘烤约 15 分钟。

77. 西红柿意式烤面包

原料

- 4 拖鞋（或长方形）
- 2 个牛排西红柿（完全熟透）
- 1 个葱
- 2条凤尾鱼
- 6汤匙橄榄油（冷榨）
- 1 瓣大蒜

- 1 茶匙牛至（新鲜）
- 2汤匙罗勒（新鲜）
  盐
- 胡椒**准备**

1. 西红柿用开水烫一下，用冷水冲洗干净，去皮、去核、去蒂，果肉切碎。
2. 将凤尾鱼片拍干并切成小块。将大蒜去皮切丁。
3. 将洋葱去皮洗净，切成细环。
4. 清洗、干燥并切碎牛至和罗勒。
5. 混合所有准备好的成分，盐和胡椒粉，然后加入油。
6. 将面包片（事先将 ciabatta 面包减半）烤至金黄色，然后将番茄混合物涂在上面。
7. 立即将意式烤面包和西红柿一起上桌。

78. 夹心蛋糕

原料

- 12 片吐司
- 250 克低脂凝乳干酪
- 350 克 蛋黄酱
- 300 毫升 鲜奶油
- 1罐金枪鱼
- 300 克 火腿

- 3个鸡蛋（煮熟）

莳萝（洒）**准备**

1. 对于三明治蛋糕，将鲜奶油搅打至变硬，然后与凝乳和蛋黄酱混合。分成三个碗。

2. 将混合物的一部分与金枪鱼混合，一部分与火腿混合。保留剩余的混合物以完成三明治蛋糕。

3. 在一片吐司上刷上金枪鱼混合物，将第二片吐司放在上面，然后在上面刷上火腿混合物。最后，放上另一片吐司，刷上凝乳蛋黄酱混合物。

4. 将吐司蛋糕放入冰箱，食用前用鸡蛋和莳萝装饰。

79. 金枪鱼吐司配香蒜酱

原料

- 1/2 甜椒
- 1罐金枪鱼
- 100 克奶油芝士
- 牛至（揉搓）
- 盐
- 胡椒（来自工厂）

- 1/2 洋葱

4 汤匙 香蒜沙司

- 8 片吐司

- 40 克马苏里拉**奶酪**

1. 对于香蒜酱金枪鱼吐司，首先准备金枪鱼馅。要做到这一点，洗辣椒粉，去掉茎和骰子。将金枪鱼沥干，与奶油芝士、牛至、辣椒粉、盐和胡椒粉混合。将洋葱去皮，切成两半，切成非常细的条。

2. 首先在一半的吐司上撒上香蒜沙司，然后撒上金枪鱼馅、洋葱和磨碎的马苏里拉奶酪。

3. 将第二片吐司放在上面，放入烤面包机烘烤，直到面包的两半都变成金黄色。

4. 立即将金枪鱼吐司和香蒜酱一起上桌。

80. 橄榄面意式烤面包

原料

- 100 克橄榄（s）（黑色）
- 2片凤尾鱼片
- 1茶匙大蒜
- 1 汤匙 松子
- 4片鼠尾草叶
- 15 个酸豆，切碎）

- 2 汤匙 橄榄油
- 迷迭香盐
- 胡椒
- 1茶匙柠檬汁**准备**

1. 将所有材料混合均匀并调味。将面包片放入预热至 250°C 的烤箱中烘烤约 4 分钟。刷上橄榄浇头，立即上桌。

沙拉食谱

81. Panzanella（托斯卡纳面包沙拉）

原料

- 1个。Focaccia（含前一天去皮的 300-400 克白面包）
- 2 个洋葱（或几个小葱）
- 5 个西红柿（最好是刚从圆锥花序中取出的）
- 1 条黄瓜
- 橄榄（刺山柑和凤尾鱼随心所欲）

- 100 毫升 红酒醋
- 200 毫升蔬菜高汤
- 1 束罗勒（新鲜切碎）橄榄油
- 海盐（现磨）
- 胡椒（现磨）**准备**

2. 对于panzanella，将不新鲜的面包切成大方块，在烤盘上晾干一夜。将黄瓜去皮、切半、去核、切成薄片并用盐轻轻调味。将西红柿切成四分之一，再减半。将去皮的洋葱切成细条。将红酒醋和蔬菜高汤混合在一起。将面包块放入碗中，淋上少许醋混合物。从黄瓜中排出多余的水。将黄瓜与洋葱和西红柿混合。加入剩余的醋混合物和浸泡过的面包。用磨坊里的海盐和胡椒调味。根据需要混合酸豆、橄榄和切碎的凤尾鱼。最后拌入橄榄油并撒上罗勒。

82. 番茄面包沙拉配烤卡拉马雷蒂

原料

对于卡拉马雷蒂：

- 2 卡拉马雷蒂
- 100克面粉
- 1/2 柠檬（汁）
- 盐
- 胡椒

- 一些欧芹（切碎）

给沙拉用的：

500 克西红柿

- 200 克拖鞋
- 10 个刺山柑（大）
- 1 束罗勒
- 1汤匙蜂蜜
- 2 汤匙 香醋
- 3 汤匙 橄榄油
- 盐
- 胡椒**准备**

3. 对于烤卡拉马雷蒂番茄面包沙拉，首先将面包切成小块，然后用少许橄榄油和盐调味。在200°C的烤箱中烘烤约15分钟，直至酥脆。

4. 将西红柿切成楔形。对于调料，将蜂蜜、醋和橄榄油混合均匀。将雀跃浆果减半。将西红柿与调味汁、罗勒和刺山柑混合，拌入面包，用盐和胡椒调味。

5. 将清洗干净的卡拉马雷蒂切成细圈，加盐调味，加入面粉，用热葵花油炸至酥脆。上菜前用柠檬汁、胡椒和欧芹调味。

6. 将沙拉平放在盘子里，然后在上面铺上卡拉马雷蒂。供应番茄面包沙拉和烤卡拉马雷蒂。

83. 白面包沙拉配马苏里拉奶酪

原料

- 2 包轻质马苏里拉奶酪（125 克）
- 150 克白面包（脆皮）
- 1 束葱
- 1 瓣大蒜
- 200 克 西红柿
- 200 克黄瓜
- 1 束罗勒
- 2 汤匙 香醋
- 3 汤匙 核桃油
- 1 汤匙 刺山柑（小）

- 盐
- 胡椒（现磨）**准备**

1. 对于白面包沙拉，将马苏里拉奶酪沥干并切丁。把面包切成一口大小件。将葱洗净，斜切成细条。将大蒜去皮捣碎。

2. 将西红柿和黄瓜洗净，去掉西红柿的茎，将蔬菜切成方块。清洗罗勒，拍干并从茎上摘下叶子。
3. 将醋与盐和胡椒混合，拌入核桃油，将沙拉配料与调料混合，撒上刺山柑即可食用。

84. 热风油炸锅烤面包沙拉配西红柿干

原料

- 2 包轻质马苏里拉奶酪（125 克）
- 150 克白面包（脆皮）
- 1 束葱
- 1 瓣大蒜
- 200 克 西红柿
- 200 克黄瓜
- 1 束罗勒
- 2 汤匙 香醋

- 3 汤匙 核桃油
- 1 汤匙 刺山柑（小）
- 盐
- 胡椒（现磨）**准备**

1. 对于白面包沙拉，将马苏里拉奶酪沥干并切丁。将面包切成一口大小的块。将葱洗净，斜切成细条。将大蒜去皮捣碎。
2. 将西红柿和黄瓜洗净，去掉西红柿的茎，将蔬菜切成方块。清洗罗勒，拍干并从茎上摘下叶子。
3. 将醋与盐和胡椒混合，拌入核桃油，将沙拉配料与调料混合，撒上刺山柑即可食用。

85. 番茄面包沙拉配炸果肉

原料

番茄面包沙拉：

- 500 克西红柿
- 1 条拖鞋
- 10 个橄榄 5个刺山柑
- 1 束罗勒
- 10 汤匙 香醋
- 15汤匙橄榄油（优质）
- 1 茶匙蜂蜜（最多 2 茶匙）
- 盐

- 胡椒

对于纸浆：

- 1 pulpo（小，约 1 公斤）
- 1个洋葱
- 3片月桂叶
- 1 束汤菜
- 3 趾大蒜
- 盐
- 1 束欧芹（小）

1个柠檬**准备**

1. 对于带有油炸果肉的番茄面包沙拉，请将果肉洗净，将蔬菜切成方块，然后将两者一起放入装有足够水的平底锅中，以几乎不覆盖果肉。
2. 盖上锅盖煮约 25 分钟，然后不盖盖子再次炖 30 至 45 分钟。用刀刺一下，看鱿鱼是否嫩。如果是这样，将手臂沥干并切成大块。
3. 用少许橄榄油和盐调味果肉，在平底锅或烤架上将其两面煎至酥脆。撒上少许柠檬汁和切碎的欧芹。

4. 将 ciabatta 面包切成大方块，用少许橄榄油和盐调味，然后在烤箱中烤约 5-10 分钟。
5. 将西红柿切成大块，将橄榄和刺山柑切成小方块或切片，然后将所有东西混合均匀。
6. 将醋、蜂蜜和橄榄油混合均匀，与面包和西红柿混合，将罗勒切成大块，铺在上面。
7. 番茄面包沙拉配炸章鱼菜。

86.面包沙拉

原料

- 1 条拖鞋
- 1 杯辣椒粉（烤）
- 1/2 杯刺山柑
- 1/2 洋葱
- 100 克巴马干酪（磨碎）
- 50 克 火腿
- 红醋酸醋
- 油
- 盐

- 胡椒

准备

1. 做面包沙拉时，将 ciabatta 面包和辣椒粉切丁，酸豆和洋葱切碎，意大利熏火腿切成小块。将 ciabatta 与所有配料混合，腌制并立即食用。

87. 番茄面包沙拉配烤卡拉马雷蒂

*卡拉马雷蒂***配料：** 2小

鱿鱼 100克面粉

- 1/2 柠檬（汁）
- 盐
- 胡椒
- 一些欧芹（切碎）*沙拉：*
- 500克西红柿
- 200 克拖鞋
- 10 个刺山柑（大）

- 1 束罗勒
- 1汤匙蜂蜜
- 2 汤匙 香醋
- 3 汤匙 橄榄油
- 盐

胡椒

准备

2. 对于烤卡拉马雷蒂番茄面包沙拉，首先将面包切成小块，然后用少许橄榄油和盐调味。在200°C的烤箱中烘烤约15分钟，直至酥脆。
3. 将西红柿切成楔形。对于调料，将蜂蜜、醋和橄榄油混合均匀。将雀跃浆果减半。将西红柿与调味汁、罗勒和刺山柑混合，拌入面包，用盐和胡椒调味。
4. 将清洗干净的卡拉马雷蒂切成细圈，加盐调味，加入面粉，用热葵花油炸至酥脆。上菜前用柠檬汁、胡椒和欧芹调味。
5. 将沙拉平放在盘子里，然后在上面铺上卡拉马雷蒂。供应番茄面包沙拉和烤卡拉马雷蒂。

88. 面包沙拉配豆子和辣椒

原料

- 300克面包（旧）
- 1个尖椒（红色）
- 10 个圣女果
- 100 克火箭
- 10 片欧芹叶
- 10 片薄荷叶
- 10 个菲索尔（绿色）
- 10 个菲索尔（黄色）
- 1 汤匙 枫糖浆

- 3 汤匙 香醋
- 4 汤匙 橄榄油
- 盐
- 胡椒

准备

1. 将甜椒纵向切成四分之一，去掉茎和种子。在平底锅或烤架上将其四面煎焦。
2. 将青豆放入大量盐水中煮至坚硬，用冷水冲洗并纵向撕开，将西红柿切成两半。
3. 将面包切成小方块。
4. 在碗中混合枫糖浆、醋、橄榄油和面包；面包应该几乎完全烧焦调料并在此过程中变软。
5. 加入芝麻菜、西红柿、香草、青豆和辣椒粉，拌匀并用盐和胡椒调味。铺在平板上，立即食用。

89. taramosalata

原料

- 1/2条面包（浸泡在牛奶中并挤出）
- 1 1/2 杯橄榄油
- 1/2 杯柠檬汁
- 160 克 tarama（鱼子）
- 3 个土豆（煮熟并过滤，必要时 4 个）
- 欧芹（切碎）

准备

1. 将鱼子放入一捆亚麻布中，在几乎沸腾的水中浸泡 1020 分钟，以便将"tarama"中多余的盐分浸出。然后好好表达（或者通过）。
2. 与面包混合物和土豆混合均匀。
3. 逐渐加入橄榄油和柠檬汁，不断搅拌。
4. 在 taramosalata 上撒上欧芹，搭配白面包、皮塔饼或生蔬菜食用。

90. 意大利面包沙拉

原料

- 1/2 法式长棍面包（切丁）
- 100 克意大利腊肠（辣）
- 100 克火箭
- 1202 克圣女果
- 20 毫升香醋 (Bianco)
- 橄榄油
- 海盐

- 1 小枝迷迭香
- 50 克巴马干酪（切成薄片）
- 胡椒

准备

1. 对于意大利面包沙拉，将一些橄榄油和迷迭香小枝放入锅中加热。将意大利腊肠大致切成薄片，然后在锅中煎至酥脆。然后放在皱纹纸上冷却。
2. 加入少许橄榄油，将法式面包切成方块放入热锅中。与此同时，清洗芝麻菜，去掉茎，用醋、油、海盐和胡椒调味。
3. 将酥脆、冷却的面包块和意大利腊肠片放入火箭中，将所有东西混合均匀。最后，加入一些磨碎的帕玛森芝士，将剩余的洒在完成的意大利面包沙拉上。

91. 香脆面包芝士沙拉

原料

- 120 克全麦黑麦面包（3 片）
- 30 克葡萄干
- 4 汤匙 果醋
- 盐

- 胡椒
- 4 汤匙 红花油
- 300 克苹果（例如，elstar，2 个苹果）
- 1 ½ 串萝卜
- 100 克切片奶酪（例如 leerdammer，绝对脂肪含量为 17%）
- 1束平叶欧芹

准备步骤

1. 将面包切成 1 厘米的方块，放入不加油的平底锅中以中火烤约 4 分钟至酥脆。放在盘子里冷却。

2. 同时，用热水冲洗葡萄干并沥干。将果醋与少许盐、胡椒粉和红花油混合制成沙拉酱。

3. 将苹果洗净，将每个苹果从4个面朝中心切成约5毫米厚的薄片，切成方块。将苹果块和葡萄干与调料混合。

4. 清洗、沥干和清洁萝卜。小萝卜叶放在一边；将萝卜切成四分之一。

5. 将奶酪片切成 2 厘米的正方形。清洗欧芹，甩干并摘下叶子。

6. 混合奶酪、欧芹和萝卜叶、萝卜和苹果酱。用盐和胡椒调味。

7. 将生菜放入密封良好的大型食品储存容器（容量约 1.5 升）中进行运输。将面包块放入较小的食品储存容器（约 500 米容量），并在食用前撒上奶酪和萝卜沙拉。

92. Cevapcici 大饼

原料

- 1公斤肉末（混合牛肉/羊肉或牛肉/猪肉）
- 1个大洋葱
- 3瓣大蒜
- 少许新鲜欧芹
- 1 汤匙 橄榄油
- 1汤匙盐
- 3茶匙辣椒粉
- 3茶匙胡椒粉， 细磨

- 大饼
- 沙拉 艾杰瓦尔
- 辣椒

准备

3. 洋葱切碎（未切碎），压蒜瓣，欧芹切碎。肉末与洋葱、大蒜、欧芹和其他配料充分混合，使香料分布均匀。
4. 现在你形成拇指厚的 cevapcici，长约 7 厘米。Cevapomaker 的使用在这里很合适，您可以用它在一道菜中形成七个 Cevapcici。*烧烤*

2. 烤架准备用中火直接烧烤。cevapcici 放在热烤架上，3 到 4 分钟后翻转，另一面烤。然后将 cevapcici 从烤架上取下，我们准备大饼。大饼上面放着沙拉，上面放着 6 - 7 个切瓦普奇奇。在上面撒上 2 - 3 汤匙半开的汤匙，然后在上面放两个辣椒。

93. Nutri-Plus 蓬松蛋白质面包

原料

- 90 克中性 Nutri-Plus 蛋白粉
- 200 克腰果
- 200 克亚麻籽
- 500 克无糖大豆酸奶
- 150毫升　　　水
- 100 克葵花籽
- 1 包。发酵粉
- 1/2茶匙盐

准备

1. 首先将腰果、亚麻籽和蛋白粉放入搅拌机中，然后将所有东西一起切碎成粗面粉。
2. 然后将大豆酸奶、水、小苏打和盐倒入碗中，加入腰果蛋白粉混合物。
3. 第三次将所有东西搅拌成光滑的面团，然后将其填充到衬有烘焙纸的表格中。
4. 让面团脱壳约 10-15 分钟。

   及时，您可以将烤箱预热至175°C。
5. 将面包烘烤约 60 分钟。为了确保它真的烤透了，做棒测试。
6. 放凉，待味道鲜美后再放凉。

94. 色彩缤纷的分层沙拉

原料

- 卷心莴苣
- 番茄
- ¾罐玉米
- 中黄瓜
- 黄胡椒
- 2-3 个红洋葱
- 鸡胸肉（约0.5公斤）
- 豌豆和鸡肉调味料
- 2-3片面包
- 吐司调料

- 油炸用黄油和油
- 香草酱

准备：

1. 将鸡肉切成小块，撒上陀螺和鸡肉，在冰箱中调味1-2小时。
2. 将沙拉分层分层。我们撕开生菜并将盘子放在底部。将西红柿切成两半或切片。我们沥干玉米。将黄瓜去皮，切成两半或切片。然后将辣椒切成条状。将红洋葱切成四分之一片。
3. 我们加热油并炸鸡。
4. 将面包切成小方块，在平底锅中加热黄油，然后将切成薄片的面包倒在上面。煎至金黄色，撒上吐司至煎炸结束。
5. 我们根据包装上的食谱准备草药酱，然后在上菜前倒入整个沙拉。

95. Caprese 三明治

原料

- 2 片或面包片是一致的
- 新鲜西红柿切片
- 新鲜马苏里拉奶酪片
- 1把新鲜罗勒叶
- 1 汤匙香蒜酱或少许特级初榨橄榄油
- 盐和胡椒

准备

1. 将面包片放在盘子上，撒上橄榄油或涂上少许香蒜酱。
2. 我们将西红柿切成薄片，在西红柿上撒上胡椒粉，然后放入马苏里拉奶酪片和洗净并晒干的罗勒叶。盖上另一片面包。
3. 我们现在提供，新鲜制作，因此不会弄湿和变质

96. 叶盘烤茄子巴马干酪

原料

- 切 3 个中型茄子或 5 个小茄子 1/2 英寸圆
- 鸡蛋，殴打
- 1 杯意大利调味面包屑
- 毛毛雨用特级初榨橄榄油
- 1/2 杯马力拉酱
- 将 5-6 个西红柿切成厚片
- 水牛奶酪球，减半（见上图）

- 1/4 杯磨碎的巴马干酪
- 约 15 片新鲜罗勒叶**准备**

1 烤箱预热至 425 F。

2 将茄子撒在鸡蛋、面包屑中，然后薄薄地铺在平底锅上。再烤 15 分钟。取出平底锅并冷却至 350 华氏度。将每个茄子翻过来，但仍然不要返回烤箱。

3 在每个茄子上涂一点酱汁。在上面放一片西红柿。在每个番茄上撒少量盐。在每个番茄上放半圆的马苏里拉水牛奶酪。在 350 F 的烤箱中调整 15 分钟。

4 15 分钟后，将烤箱调至顶部烤。烤 3 分钟，或直到奶酪变成金黄色并融化。密切注意奶酪不会燃烧。

5 取下平底锅，在每个茄子上刷上帕尔马干酪，在上面加一片罗勒叶。爱它！

97. 烤茄子三明治

成分

- 1个中型茄子（或2个小西葫芦）
- 1 至 2 汤匙低钠酱油（如果您对麸质敏感，请使用不含小麦的酱油）
- 1汤匙香醋
- 8 片大而厚的全麦面包或无麸质面包
- 1 个烤红辣椒，切片
- 1 个大烤蒜头
- 4 茶匙第戎芥末（可选）
- 4片红生菜叶**准备**

1. 将茄子斜切成 1/4 英寸（6 毫米）的薄片。

2. 将茄子片刷上酱油，放在烤架或铁锅上用中高温调味，每面烤 2 至 4 分钟，直到茄子片变软并呈浅褐色。
3. 将它们从锅中取出并撒上醋。把它们放在一边。吐司面包，如果需要，在下片撒上 2 到 4 瓣大蒜，加入一层烤茄子，折叠软块以适合面包片。
4. 上面放上烤红辣椒和生菜片。如果需要，将芥末涂在面包的顶部，然后完成三明治并上菜。

98. 番茄奶油香草鸡蛋面包

原料

- 2 片黑面包
- 1 个葱（小，洗净，切成圈）
- 水芹（用于洒水）
- 2汤匙黄油（煎炸用）

对于番茄奶油：

- 4 汤匙 奶油芝士
- 6 汤匙 番茄酱
- 盐
- 胡椒（来自工厂）

对于香草蛋菜：

- 4个鸡蛋
- 1 杯矿泉水

- 1/2 束欧芹（洗净，切碎） 1/2 束细香葱（洗净，
切成卷）
- 1 把豆芽（您可以选择，例如红甘蓝芽）
- 盐
- 胡椒（来自工厂）
- 1 捏肉豆蔻（磨碎）**准备**

1. 对于香草鸡蛋面包，用番茄奶油打鸡蛋，撒上矿泉水，并用盐、胡椒和肉豆蔻调味。
   拌入香草。
2. 在平底锅中融化黄油。一旦黄油开始起泡，将香草鸡蛋混合物倒入锅中，让它慢慢凝固，反复搅拌。一旦鸡蛋盘底部变硬但顶部仍然略微流淌，将平底锅从火上移开并放在一边。
3. 对于番茄奶油，将奶油芝士与 2 汤匙番茄酱大致混合，用盐和胡椒调味。将面包片切成两半，每

片刷上 2 汤匙番茄酱，然后在上面涂上番茄奶油。用叉子"夹起"香草鸡蛋盘，铺在面包上。

4. 在香草鸡蛋面包上撒上番茄奶油、水芹和葱，即可食用。

99. 地中海吐司

材料2份

- 1/2罐鹰嘴豆
- 1把芝麻菜（约10片叶子）
- 2片面包（更好的领域）
- 1 专家番茄

- 阿切托
- 橄榄
- 盐

准备

1. 番茄切薄片，不要太薄。将它们放入平底锅中，撒上少许橄榄。不要移除它们，只有在一侧煮熟时才转动它们。添加一点疼痛。

   预订。
2. 将鹰嘴豆和少许橄榄捣碎。你可以处理它，但是用叉子，它会很顺利。如果你想要盐，我做了这个没有盐的食谱，它很棒。
3. 清洗芝麻菜叶
4. 在面包片上刷上橄榄和吐司
5. 用鹰嘴豆涂抹面包。在鹰嘴豆上方，放一些番茄片，上面放芝麻菜。最后涂上一层橄榄油。

100. Tramezzini 配鸡蛋和凤尾鱼

原料

- 12 片 tramezzini 面包（柔软多汁的无外皮白面包）
- 6 个鸡蛋（煮熟并切成薄片）
- 12条凤尾鱼片（镶嵌）
- 200 克蛋黄酱（尽可能自制）

准备

1. 在面包片上刷上大量蛋黄酱。面包的上半部分和一半的鸡蛋片。把沥干水分的凤尾鱼片放在上面，再把剩下的鸡蛋片放在上面。把剩下的面包片放在上面，斜切成两个三角形。

结论

在您的厨房中享受新鲜出炉的面包的香味 - 制作面包或用面包烹饪。从自制的酸面团，到带馅的节日面包，从三明治到面包汤……无论是全麦面包、橄榄面包还是带馅面包，无论是农家面包、Weckerl 还是帕尼尼，无论是黑面包还是白面包，在这里你都能找到许多面包和糕点食谱。还有一些有用的提示和技巧可确保您的面包成功。用新的香料、香草、坚果或种子改变您最喜欢的面包。

CPSIA information can be obtained
at www.ICGtesting.com
Printed in the USA
LVHW081921220323
742311LV00009B/634